utb 6199

Eine Arbeitsgemeinschaft der Verlage

Brill | Schöningh – Fink · Paderborn
Brill | Vandenhoeck & Ruprecht · Göttingen – Böhlau · Wien · Köln
Verlag Barbara Budrich · Opladen · Toronto
facultas · Wien
Haupt Verlag · Bern
Verlag Julius Klinkhardt · Bad Heilbrunn
Mohr Siebeck · Tübingen
Narr Francke Attempto Verlag – expert verlag · Tübingen
Psychiatrie Verlag · Köln
Ernst Reinhardt Verlag · München
transcript Verlag · Bielefeld
Verlag Eugen Ulmer · Stuttgart
UVK Verlag · München
Waxmann · Münster · New York
wbv Publikation · Bielefeld
Wochenschau Verlag · Frankfurt am Main

Niklas Günther | Annika Möller | Sönke Zankel

Religionsdidaktik konkret

7 × 7 Fragen zur Praxis des Religionsunterrichts

Vandenhoeck & Ruprecht

Niklas Günther ist Studienleiter und Landesfachberater für das Fach Ev. Religion am Institut für Qualitätsentwicklung an Schulen Schleswig-Holstein (IQSH) und Lehrer an einer Gemeinschaftsschule in Kiel.

Annika Möller ist Studienleiterin für das Fach Ev. Religion und Sonderpädagogik in der Fachrichtung emotionale und soziale Entwicklung am IQSH.

Dr. Sönke Zankel ist Lehrer am Gymnasium in Uetersen. Er ist in der Aus- und Fortbildung von Lehrkräften tätig und Autor fachwissenschaftlicher, pädagogischer und fachdidaktischer Beiträge.

Online-Angebote oder elektronische Ausgaben sind erhältlich unter **www.utb.de**

Bibliografische Information der Deutschen Nationalbibliothek:
Die Deutsche Nationalbibliothek verzeichnet diese Publikation in der Deutschen Nationalbibliografie; detaillierte bibliografische Daten sind im Internet über https://dnb.de abrufbar.

Umschlaggestaltung: siegel konzeption | gestaltung, Stuttgart
Satz: SchwabScantechnik, Göttingen
Druck und Bindung: GrafikMediaProduktionsmanagement, Köln
Printed in the EU.

Vandenhoeck & Ruprecht Verlage | www.vandenhoeck-ruprecht-verlage.com

UTB-Band-Nr. 6199
ISBN 978-3-8252-6199-3

Inhalt

Die Karten im Überblick

I. Blickwinkel: Konzeptionelles und Grundsätzliches

1 Warum sollte heute überhaupt noch Religion unterrichtet werden?
2 Woran erkenne ich die Qualität meiner Unterrichtsstunden im Fach Religion?
3 Wie gewinne ich zeitsparend und systematisch Informationen über die Lernausgangslage meiner Schülerinnen und Schüler?
4 Welche Möglichkeiten gibt es, die religiöse Heterogenität meiner Schülerinnen und Schüler grundsätzlich und konzeptionell zu berücksichtigen?
5 Welche strukturelle Idee hat die großen Konzepte des Religionsunterrichts nach der Phase der »Problemorientierung« abgelöst?
6 In welcher äußeren Form kann der Religionsunterricht strukturell organisiert sein?
7 Ist es sinnvoll, den Religionsunterricht stärker an den Fragen der Lernenden zu orientieren?

II. Blickwinkel: Rechtsgrundlagen

8 Warum ist der Religionsunterricht im Grundgesetz verankert und was bedeutet das?
9 Gilt das Überwältigungsverbot auch für den Religionsunterricht und was bedeutet das?
10 Was unterscheidet den Religionsunterricht von einem Unterricht über soziale Themen in anderen Fächern und von der Klassenstunde?
11 Über welche Handlungsmöglichkeiten verfüge ich, wenn Schülerinnen und Schüler aus religiösen Gründen den Besuch einer Moschee verweigern?
12 Ist der Besuch des Gottesdienstes mit einer ganzen Klasse am Tag der Einschulung noch zeitgemäß?
13 Darf ich mit meinen Schülerinnen und Schülern im Unterricht beten?
14 Ein Schüler möchte nicht (mehr) am Religionsunterricht teilnehmen. Was kann ich tun?

III. Blickwinkel: Unterrichtsvorbereitung

IV. Blickwinkel: Praxis

V. Blickwinkel: Schülerinnen und Schüler

VI. Blickwinkel: Religionslehrkraft

36 Warum muss ich mich als Religionslehrkraft in so vielen Situationen für mein Fach rechtfertigen? Wie gelingt mir dies überzeugend?
37 Was bedeutet es, als Lehrkraft »authentisch« im Religionsunterricht aufzutreten?
38 Wie religiös muss ich selbst als Lehrkraft sein?
39 Bin ich im Religionsunterricht mehr als nur Lehrkraft eines Faches?
40 (Wie) bewerte ich die mündliche Beteiligung meiner Schülerinnen und Schüler im Religionsunterricht?
41 Was sind (in der Sekundarstufe) Alternativen zur Abfrage auswendig gelernten, trägen Wissens in sogenannten »Tests« im Religionsunterricht?
42 Was bedeutet Konfessionalität im konfessionellen Religionsunterricht?

VII. Blickwinkel: Herausforderungen

43 Warum muss der Religionsunterricht inklusiv sein und wie kann das gelingen?
44 Wie gelingt es mir, alle Schülerinnen und Schüler am Unterrichtsgespräch zu beteiligen und den Unterrichtsverlauf nicht beliebig werden zu lassen?
45 Wie reagiere ich auf brisante Fragen von Schülerinnen und Schülern, die ich nicht nur mit meinem Fachwissen beantworten kann und die mich auch in meinem persönlichen Glauben herausfordern?
46 Ist digital besser? Wie viel »Digitalität« in der Gestalt von Tools oder Programmen passt in den oder zum Religionsunterricht?
47 Woran erkenne ich schnell die Seriosität einer Quelle – woran meine Schülerinnen und Schüler?
48 Umgang mit religiöser Heterogenität – wie thematisiere ich andere Religionen angemessen?
49 Inwiefern wird sich der Religionsunterricht zukünftig weiterentwickeln (müssen)?

Hinweise zum Buch

Dieses Buch beinhaltet zusätzliche Materialien (PDF-Dateien), die Sie online abrufen können.
Auf den entsprechenden Karten finden Sie jeweils einen QR-Code und einen Link, der Sie direkt zu dem betreffenden Material führt.
Die Materialien können online eingesehen und heruntergeladen werden.

Den Zugang zum digitalen Material erhalten Sie wie folgt:
1. Registrieren Sie sich kostenlos auf https://elibrary.utb.de/action/registration.
2. Gehen Sie auf »Mein Profil« → »Zugangscode aktivieren«.
3. Geben Sie dort den Code **KONKRET24** ein und klicken Sie auf »Abschicken«.
4. Das Material finden Sie beim Titel auf https://elibrary.utb.de oder https://utb.de.

Die Nutzung und die Bearbeitung dieser Lehr-Lern-Materialien für den eigenen Unterricht und die eigene Lehre sind ausdrücklich gestattet.

Zur Einführung

Wir sind in der glücklichen Lage, dass uns immer wieder Fragen zum Religionsunterricht gestellt werden: in Aus- und Fortbildungsveranstaltungen, in Fachkonferenzen und -ausschüssen, in Gesprächen auf dem Schulflur unter vier Augen. Dabei fragen uns Studierende im Praktikum, Lehrkräfte im Vorbereitungsdienst bzw. Referendariat, Berufsanfängerinnen und -anfänger, Mentorinnen und Mentoren oder erfahrene Lehrpersonen. Wir haben festgestellt, dass wir in diesen Situationen selbst unheimlich viel lernen. Zum einen, weil wir durch die Antworten gefordert werden und zum anderen, weil wir für uns mitnehmen können, was alle mit dem Fach Religion beschäftigten Menschen umtreibt und bewegt. Fragen sind ein Schatz! Mittlerweile konnten wir viele einzelne Fragestellungen zusammenfügen und kategorisieren. Damit sind sicher nicht alle Fragen zum Religionsunterricht beantwortet – zum Glück nicht. Dennoch haben wir uns für eine Art Zwischenbilanz entschieden, die für viele hilfreich sein könnte:

- für Studierende, um erste konkrete Antworten im Schulpraktikum zu erhalten, die die Studieninhalte ergänzen,
- für Lehrkräfte in der zweiten Phase der Lehrkräfteausbildung, dem Vorbereitungsdienst oder Referendariat, die schnelle, ganz unterschiedliche Impulse benötigen oder sich auf die Prüfungen vorbereiten wollen,
- für Lehrkräfte, die in der Ausbildung tätig sind und
- für alle Religionslehrkräfte, die Anregungen zur Reflexion bei ihrer (all-)täglichen Unterrichtsvorbereitung oder für Diskussionen in den verschiedenen Arbeitskreisen suchen.

Sie alle haben Fragen gestellt, deshalb sind unsere Antworten auch für Sie. Sie können sie zur Prüfungsvorbereitung, für die Diskussion in Fachkonferenzen oder einfach auch dazu nutzen, um Ihren eigenen Interessen nachzugehen.

Alle Fragekarten sind nach sieben Blickwinkeln auf den Religionsunterricht sortiert und gleich aufgebaut: Auf die grundsätzliche, titelgebende Frage folgen zunächst weitere Anregungen, Fragen oder Denkanstöße. Auf der jeweiligen Rückseite findet sich eine Antwort, die, ähnlich wie auch alle Fragen zusammen, keinen Anspruch auf Vollständigkeit erhebt. Vielmehr geht es uns um einen Auftakt zum Weiterdenken und Weiterlesen. Hinweise dazu finden sich bei direkter Zitation im Text und darüber hinaus im Anschluss an diese Einführung.

Thematisch werden alle wichtigen Bereiche abgedeckt, also etwa konzeptionelle und rechtliche Fragen, Fragen zur Vorbereitung und Gestaltung von Unterricht, zu Schülerinnen und Schülern, zur Rolle der Religionslehrkraft sowie zu aktuellen Herausforderungen. Die Karten können hintereinander gelesen werden. Viel eher aber sind sie dazu gedacht, entlang eigener Interessen und Anliegen durch sie hindurchzustöbern – eventuell geleitet durch zahlreiche Querverweise. Alle Antworten können aber auch für sich allein stehen.

Sind dabei Fragen offengeblieben oder neue entstanden? Auch wir stellen uns stetig neue Fragen. Wir freuen uns auf Ihre Themen und nehmen auch Hinweise oder Rückmeldungen gern entgegen.

Ein besonderer Dank gilt Katharina Crispino, Carolin Witt und Dr. Thorsten Dittrich für das Lesen des Manuskripts, für Hinweise und weiterführende Kritik.

Viel Freude und vielfältige Anregungen beim Lesen wünschen

Niklas Günther
Annika Möller
Dr. Sönke Zankel

Kiel, im August 2023

Literatur

Verwendete Literatur und allgemeine Literaturempfehlungen

Deci, E. L./Ryan, R. M. (1993): Die Selbstbestimmungstheorie der Motivation und ihre Bedeutung für die Pädagogik. Zeitschrift für Pädagogik, 39 (2), 223–238.

Deutsche Bibelgesellschaft (o. J.): WiReLex – Das Wissenschaftlich-Religionspädagogische Lexikon im Internet. https://www.bibelwissenschaft.de/wirelex (Zugriff am 25.09.2023).

Evangelische Kirche in Deutschland (EKD) (2009): Theologisch-Religionspädagogische Kompetenz – Professionelle Kompetenzen und Standards für die Religionslehrerausbildung. Empfehlungen der Gemischten Kommission zur Reform des Theologiestudiums. EKD-Texte 96, 2009. https://www.ekd.de/ekd_de/ds_doc/ekd_texte_96.pdf (Zugriff am 25.09.2023).

Günther, N. et al. (o. J.): Die DiffBibel – Ein OER-Projekt zum Mitmachen. Sammlung frei verfügbarer Übertragungen biblischer Texte, jeweils nach Lesekompetenzen differenziert in drei aufeinander abgestimmten Varianten, teilweise mit Hörtexten. https://diffbibel.de (Zugriff am 25.09.2023).

Hattie, J./Zierer, K. (2020): Visible Learning. Unterrichtsplanung. Baltmannsweiler.

Holzberger, D./Kunter, M. (2016): Unterricht aus der Perspektive der Pädagogischen Psychologie und der empirischen Unterrichtsforschung. In: J. Möller/M. Köller/T. Riecke-Baulecke (Hg.): Schule und Unterricht. Lehren und Lernen. Basiswissen Lehrerbildung (3. Aufl.; S. 39–52). Seelze.

Kultusministerkonferenz (1989/2006): Einheitliche Prüfungsanforderungen in der Abiturprüfung Evangelische Religionslehre. Beschluss der Kultusministerkonferenz vom 01.12.1989 i. d. F. vom 16.11.2006. https://www.kmk.org/fileadmin/veroeffentlichungen_beschluesse/1989/1989_12_01-EPA-Evang-Religion.pdf (Zugriff am 25.09.2023).

Kultusministerkonferenz (2016/2017): Strategie der Kultusministerkonferenz »Bildung in der digitalen Welt«. Beschluss der KMK vom 08.12.2016 i. d. F. vom 07.12.2017. https://www.kmk.org/fileadmin/Dateien/pdf/PresseUndAktuelles/2017/Digitalstrategie_KMK_Weiterbildung.pdf (Zugriff am 25.09.2023).

Kultusministerkonferenz (2021): Lehren und Lernen in der digitalen Welt: Ergänzung zur Strategie der Kultusministerkonferenz »Bildung in der digitalen Welt«. Beschluss der KMK vom 09.12.2021. https://www.kmk.org/fileadmin/veroeffentlichungen_beschluesse/2021/2021_12_09-Lehren-und-Lernen-Digi.pdf (Zugriff am 25.09.2023).

Zankel, S./Günther, N. (2017): Religionsdidaktik in Übersichten. Ein Überblick für Studierende, Referendare und Lehrkräfte. Göttingen.
Zankel, S./Günther, N. (2019): Forschendes Lernen und Projektarbeit im Religionsunterricht. Göttingen.

Weiterführende Literatur zu den einzelnen Karten

Nr. 1

Baumert, J./Stanat, P./Demmrich, A. (2001): PISA 2000: Untersuchungsgegenstand, theoretische Grundlagen und Durchführung der Studie. In: Deutsches PISA-Konsortium (Hg.): PISA 2000. Basiskompetenzen von Schülerinnen und Schülern im internationalen Vergleich (S. 15–68). Opladen.
Klieme, E./Avenarius, H./Blum, W./Döbrich, P./Gruber, H./Prenzel, M./Reiss, K./Riquarts, K./Rost, J./Tenorth, H.-E./Vollmer, H. J. (2003): Bundesministerium für Bildung und Forschung: Zur Entwicklung nationaler Bildungsstandards. Eine Expertise. Bonn/Berlin.

Nr. 2

Holzberger, D./Kunter, M. (2016).

Nr. 3

Deci, E. L./Ryan, R. M. (1993).
Hattie, J./Zierer, K. (2020).

Nr. 6

Bauer, J. (2019): Religionsunterricht für alle. Eine multitheologische Fachdidaktik. Stuttgart.

Nr. 7

Deci, E. L./Ryan, R. M. (1993).
Lindner, H./Zimmermann, M. (Hg.) (2011): Schülerfragen im (Religions-)Unterricht. Ein notwendiger Bildungsauftrag heute?! Neukirchen-Vluyn.
Oberthür, R. (1995): Kinder und die großen Fragen. Ein Praxisbuch für den Religionsunterricht. München.
Zimmermann, M. (Hg.): Fragen im Religionsunterricht. Unterrichtsideen zu einer schülerfragenorientierten Didaktik. Göttingen.

Nr. 15

Arnold, K.-H./Zierer, K. (2015): Die deutsche Didaktik-Tradition: Grundlagentexte zu den großen Modellen der Unterrichtsplanung. Bad Heilbrunn.
Hattie, J./Zierer, K. (2020).
Schweitzer, F./Hahn, S./Krimmer, E. (2019): Elementarisierung 2.0. Religionsunterricht vorbereiten nach dem Elementarisierungsmodell. Göttingen.

Nr. 16

Box, G. (1976): Science and statistics. Journal of the American Statistical Association, 71 (356), 791–799.

Büttner, G./Dieterich, V.-J. (2016): Entwicklungspsychologie in der Religionspädagogik (2., durchges. u. aktual. Aufl.). Göttingen.

Fowler, J. W. (2000): Stufen des Glaubens: die Psychologie der menschlichen Entwicklung und die Suche nach Sinn. Gütersloh.

Streib, H./Keller, B./Bullik, R./Steppacher, A./Silver, C. F./Durham, M./Barker, S. B./Hood Jr., R. W. (2021): Deconversion revisited. Biographical studies and psychometric analyses ten years later. Göttingen.

Streib, H./Chen, Z. J./Hood Jr., R. W. (2023): Faith development as change in religious types: Results from three-wave longitudinal data with faith development interviews. Psychology of Religion and Spirituality, 15 (2), 298–307.

Nr. 17

Weinert, F. E. (2002): Vergleichende Leistungsmessung in Schulen – eine umstrittene Selbstverständlichkeit. In: F. E. Weinert (Hg.): Leistungsmessungen in Schulen (2. Aufl.; S. 17–31). Weinheim/Basel.

Nr. 22

Hilger, G./Ritter, W. H./Lindner, K./Simojoki, H./Stögbauer, E. (2019): Religionsdidaktik Grundschule. Handbuch für die Praxis evangelischen und katholischen Religionsunterrichts (2. Aufl.). München.

Nr. 23

Fauth, B./Leuders, T. (2018). Kognitive Aktivierung im Unterricht. Wirksamer Unterricht Band 2. Leinfelden-Echterdingen. https://ibbw-bw.de/site/pbs-bw-km-root/get/documents_E-219390139/KULTUS.Dachmandant/KULTUS/Dienststellen/ibbw/Empirische%20Bildungsforschung/Programme-und-Projekte/Wirksamer_Unterricht/IBBW_WU2_Fauth_Leuders%282022 %29_KognitiveAktivierung.pdf (Zugriff am 25.09.2023).

Hattie, J./Zierer, K. (2020).

Lipowsky, F./Bleck, V. (2019): Was wissen wir über guten Unterricht? Ein Update. In: U. Steffens/R. Messner (Hg.): Unterrichtsqualität. Konzepte und Bilanzen gelingenden Lehrens und Lernens (S. 219–249). Münster/New York.

Porzelt, B. (2021): Kognitive Aktivierung. WiReLex. https://www.bibelwissenschaft.de/ressourcen/wirelex/3-methoden-und-medien/kognitive-aktivierung (Zugriff am 25.09.2023).

Nr. 24

Lachmann, R. (2002): Gesprächsmethoden im Religionsunterricht. In: G. Adam/R. Lachmann (Hg.): Methodisches Kompendium für den Religionsunterricht 1. Basisband (4., überarb. Aufl.; S. 113–136). Göttingen.

Nr. 26

Kultusministerkonferenz (1989/2006): Einheitliche Prüfungsanforderungen.

Nr. 28

Zankel, S./Günther, N. (2017).

Nr. 29

Hattie, J./Zierer, K. (2020).

Julius, H./Uvnäs-Moberg, K./Ragnarsson, S. (2020): Am Du zum Ich. Bindungsgeleitete Pädagogik: Das CARE-Programm. Kerlingarhóll.

Nr. 37

Ritter, W. H. (2006): ReligionslehrerIn-Sein in der Grundschule zwischen Glaubens-, Lebenshilfe und Lernfach. In: G. Hilger/W. H. Ritter: Religionsdidaktik Grundschule. Handbuch für die Praxis des evangelischen und katholischen Religionsunterrichts (S. 107–121). München.

Nr. 38

Evangelische Kirche in Deutschland (EKD) (2009): Theologisch-Religionspädagogische Kompetenz.

Feige, A. (1988): Christliche Tradition auf der Schulbank. Über Arbeitsbedingungen und Funktionsvorstellungen evangelischer Religionslehrer im Kontext ihrer Eingebundenheit in volkskirchliche Strukturen. In: A. Feige/K. E. Nipkow (Hg.): Religionslehrer sein heute. Empirische und theoretische Überlegungen zur Religionslehrerschaft zwischen Kirche und Staat (S. 5–61). Münster.

Pohl-Patalong, U./Boll, S./Dittrich, T./Lüdtke, A./Richter, C. (2017): Konfessioneller Religionsunterricht in religiöser Vielfalt II. Perspektiven von Schülerinnen und Schülern. Stuttgart.

Nr. 42

Lüdtke, A. (2020): Confessional Gap. Konfessionalität und Religionsunterricht denken. Stuttgart.

Nr. 43

Grasser, P. (2014): Inklusion im Religionsunterricht. Vielfalt leben. Göttingen.

Rupp, H./Hermann, S. (2012): Arbeitshilfe Religion inklusiv. Grundstufe und Sekundarstufe I. Basisband: Einführung, Grundlagen und Methoden. Stuttgart.

Nr. 46

Günther, N./Zankel, S. (2020): Der »Aktionismus-Check« digitaler Tools. Kompetenzorientiertes Lernen im Religionsunterricht. entwurf, 3/2020, 56–57.